Inhalt

Bilanzierungsvorschriften - Rechtfertigt die Finanzkrise deren Aufweichung?

Kernthesen

Beitrag

Fallbeispiele

Weiterführende Literatur

Impressum

ID# Bilanzierungsvorschrifte - Rechtfertigt die Finanzkrise deren Aufweichung?

A. Kaindl

Kernthesen

- Unter dem Druck von Politik und Banken hat der amerikanische Standardsetzer FASB Anfang April 2009 Rechnungslegungsstandards gelockert.
- Der internationale Standardsetzer IASB steht nun unter erhöhtem politischen Druck, ebenfalls Erleichterungen bei den Bilanzierungsvorschriften vorzunehmen.
- Kritiker warnen vor einer Aufweichung der Rechnungslegungsvorschriften.

- Schulden sind nicht deshalb verschwunden, weil diese besser in der Bilanz versteckt werden können.

Beitrag

Die Rechnungslegungsvorschriften tragen nicht die Schuld an der derzeitigen Finanzkrise. Die Krise wurde ausgelöst, weil zu viel Geld ausgeliehen und für Firmenübernahmen zu viel gezahlt wurde bzw. Finanzinstrumente gehandelt wurden, deren Preise den realen Wert offensichtlich überstiegen. Eine Lockerung der Bilanzierungsregeln stellt keinen Ausweg aus der Krise dar.

Momentane Situation

Zahlreiche Banken haben reichlich toxische Wertpapiere in ihrem Bestand. Diese Papiere werden nicht mehr oder nur zu verzerrten Preisen gehandelt. Die Investoren haben den meistens mit Forderungen besicherten Wertpapieren ihr Vertrauen entzogen. Die Märkte für Kreditverbriefungen sind deshalb illiquide. Jetzt stellt sich die Frage, wie Wertpapiere bewertet werden können für die es keine Marktpreise mehr gibt. In Zeiten, in denen die Banken über eine solide Ertragsbasis verfügten, gab es nur eine

Antwort. Wertpapiere, denen der Markt nicht mehr vertraute, waren wertlos. Doch im Zuge der Finanzkrise würde dieses Vorgehen die Banken in noch größere Schwierigkeiten bringen, als sie es schon sind. (3)

Die internationalen Rechnungslegungsvorschriften sind stark von der Bewertung zum Fair Value (Marktwert, Zeitwert) geprägt. Zweck der Fair-Value-Bilanzierung ist es, den Investoren durch zeitnahe Vermögenswertinformationen schnelle Investitionsentscheidungen zu ermöglichen. Die Bilanzierung zum Marktwert hat in der Finanzkrise zu einer Abwertungsspirale bei Wertpapieren geführt, die die Eigenkapitalbasis der Banken aufzehrt. Der Zeitwertbilanzierung wird vorgeworfen, dass sie die momentane Krise der Banken noch verschärfe. Allerdings sind die milliardenschweren Abschreibungen, die die Banken in den vergangenen Monaten vornehmen mussten, nicht auf die geltenden Rechnungslegungsvorschriften zurückzuführen. Die Milliardenverluste stehen in den Bilanzen, weil Märkte in großem Umfang zusammengebrochen sind. Die Bilanzierung ist lediglich die Abbildung wirtschaftlicher Geschehnisse. (6)

Bereits verabschiedete Lockerungen in der Bilanzierung

Das für die internationale Rechnungslegung zuständige IASB (International Accounting Standards Board) und die für die amerikanischen US-GAAP verantwortliche amerikanische Organisation FASB (Financial Accounting Standards Board) werden seit Ausbruch der Finanzkrise von der Politik gedrängt, kontinuierlich die Rechnungslegung aufzuweichen. (2)

Im Herbst 2008 verlangten die Finanzminister der Europäischen Union vom IASB umgehend mehr Flexibilität in der Rechnungslegung zugunsten der Banken zu schaffen. Der politische Druck war so groß, dass der IASB der Aufforderung überstürzt nachkam. Den Banken wurde daraufhin gestattet, rückwirkend zum Juli 2008 mehr Positionen aus ihrem Handelsbestand in den Anlagebestand umzubuchen. Wertpapiere aus marktnahen Beständen durften in marktferne Kategorien verschoben werden, mit der Folge, dass sich der Abschreibungsbedarf auf diese Wertpapiere reduzierte. (siehe Knowledge Summary IAS 39 Änderungen aufgrund der Finanzmarktkrise). (2)

Unter dem Druck von Politik und Banken hat das

FASB Anfang April 2009 seine Vorgaben für die Rechnungslegung zum Zeitwert (Fair Value) gelockert. Das FASB verabschiedete Leitlinien, die es erstens den Gesellschaften erleichtern, bei der Bewertung von Finanzinstrumenten auf Modelle anstatt auf Marktpreise zurückzugreifen und zweitens nicht realisierte Verluste im Wertpapierbestand auszusitzen (neue Impairment-Regelungen). Diese Änderungen, die schon im ersten Quartal 2009 angewendet werden können, werden die Ertragslage der amerikanischen Banken verbessern. Dass die Ergebnisse aber um ein Fünftel steigen, wie in der ersten Euphorie angenommen, gilt mittlerweile als unrealistisch. (1), (3)

Die erste Erleichterung des FASB betrifft die Definition inaktiver Märkte. Bei Wertpapieren, für die es keinen aktiven Markt mehr gibt und deren wenige, beobachtbare Kurse auf Notverkäufe zurückgehen, dürfen die Finanzinstitute den Wert nun in weitaus größerem Umfang als bisher selbst berechnen. (1), (4)

Die zweite Erleichterung macht es einfacher, nicht realisierte Verluste in zum Verkauf verfügbaren Wertpapieren als vorübergehend zu klassifizieren. Wertberichtigungen auf Schuldtitel aufgrund von marktinduzierten Risiken können nun mit dem Eigenkapital verrechnet werden, sodass sich nur noch die Abschreibungen aus bonitätsinduzierten Risiken in der Gewinn- und Verlustrechnung niederschlagen. Um Verluste als vorübergehend einzuordnen, muss das Management fortan nur mehr kundtun, dass es ein Papier nicht zu veräußern gedenkt und davon ausgeht, nicht zu dessen Verkauf gezwungen zu sein, bevor sich dessen Wert erholt. (1)

Argumente für und gegen die erfolgten Erleichterungen bei der Bilanzierung

Bei den vom FASB und IASB vorgenommenen Änderungen der Bilanzierungsvorschriften handelt es sich nicht um ein "Aufweichen" von Bilanzierungsregeln, sondern um systematisch stimmige Änderungen für ein Marktumfeld, in dem die Geschäftsgrundlage der Bilanzierung zum Marktwert, die Existenz aussagekräftiger Marktpreise, weg gebrochen ist. (6)

Wirklich toxische Papiere können auch durch die neuen Bilanzierungsvorschriften nicht gerettet werden. Für sie gibt es keinen Markt mehr, und sie können auch mit dem raffiniertesten Computermodell nicht mehr sinnvoll bewertet werden. (5)

Darüber hinaus liegen in den Bilanzen der Banken aber Wertpapiere, deren derzeitiger niedriger Preis nicht den tatsächlichen wirtschaftlichen Grundlagen entspricht. Die Möglichkeit, in diesen Fällen eine weniger strenge Bewertung anwenden zu dürfen, entlastet die Banken und verringert die Gefahr einer Kreditklemme. (5)

Die politische Einflussnahme auf das IASB und das FASB gefährdet die Integrität dieser Gremien. Je mehr die Gremien auf politisch vorgetragene Sonderwünsche der Banken eingehen, desto größer ist die Gefahr, dass schließlich auch andere Marktteilnehmer Entsprechendes fordern. Es ist nur eine Frage der Zeit, bis die Immobiliengesellschaften verlangen, dass ihre Bewertungsvorschriften angesichts der kollabierten Preise gelockert werden bzw. der Einzelhandel und die Industrie fordern, dass diese ihre Lagerhaltung großzügiger bewerten können. (2)

Verluste mit Hilfe der Rechnungslegung zu verschleiern, stellt keine Lösung dar. Natürlich wird auch die Rechnungslegung ihre Konsequenzen aus der Finanzkrise ziehen müssen. Zum Beispiel muss beobachtet werden, wie sich illiquide Märkte verhalten, um ableiten zu können, wie das Problem der Bewertung von Papieren an illiquiden Märkten gelöst werden kann. So etwas geht aber nicht von heute auf morgen, sondern braucht seine Zeit. (2)

Lockerungen bzw. Änderungen von Bilanzierungsvorschriften können die Qualität der Finanzberichterstattung gefährden, wenn hinter ihnen keine konzeptionell überzeugenden Argumente stehen. Änderungen, die nur dazu dienen, reale wirtschaftliche Ereignisse nicht zu zeigen oder umgekehrt etwas zu zeigen, was keine reale wirtschaftliche Grundlage hat, wirken sich negativ auf die Qualität der Finanzberichterstattung aus. Solche Änderungen untergraben das Vertrauen der Märkte in die Rechnungslegung. Bezogen auf die konkrete aktuelle Situation bedeutet das, dass Banken zunächst von Verlustrisiken real entlastet werden müssen, damit sich die Risiken auch bilanziell nicht mehr niederschlagen. (6)

Fallbeispiele

Edgar Löw, Leiter der Grundsatzabteilung Banking & Finance bei der Wirtschaftsprüfungsgesellschaft KPMG, kritisiert die neue Systematik des FASB in der Beurteilung inaktiver Märkte. Löw hält die Frage, ob ein Finanzinstrument ausreichend häufig gehandelt wird und ob ausreichend hohe Volumina umlaufen, für entscheidend in der Festlegung eines aktiven Marktes. Aus Sicht des Praktikers wäre das Bewertungsproblem damit zu lösen, dass Preissetzungsagenturen wie Reuters oder Bloomberg zu der Angabe verpflichtet werden, ob hinter ihren Preisangaben tatsächliche Transaktionen liegen und welche Volumina gehandelt wurden. Dann wäre bekannt, ob es sich um einen realen Preis oder um eine Schätzung handelt. Diese Angaben könnten den Modellen zugrunde gelegt werden. (1)

Jeremy Newman, Vorstandsvorsitzender der internationalen Wirtschaftsprüfungsgesellschaft BDO, vertritt die Ansicht, dass es sehr gefährlich ist, wenn Regierungen mitten in einer Krise plötzlich politischen Druck ausüben, um die Rechnungslegungsstandards zu ändern, nur um dem Druck von Interessengruppen wie den Banken nachzugeben. Newman räumt allerdings ein, dass auf Dauer auch in der Rechnungslegung Konsequenzen aus der Erfahrung mit der Finanzkrise und den Folgen der illiquiden Märkte gezogen werden müssen. (2)

Weiterführende Literatur

(1) FASB lässt Bankaktionäre jubeln US-Bilanzstandardisierer fasst Vorgaben zur Zeitwertermittlung weiter
aus Börsen-Zeitung, 03.04.2009, Nummer 65, Seite 3

(2) "Keine politischen Eingriffe in die Rechnungslegung"
aus Frankfurter Allgemeine Zeitung, 16.04.2009, Nr. 88, S. 14

(3) Der Fair Value wird unfair
aus Frankfurter Allgemeine Zeitung, 09.04.2009, Nr. 84, S. 13

(4) Bilanz frisieren leicht gemacht
aus Handelsblatt Nr. 067 vom 06.04.09 Seite 26

(5) Schrott ist nicht gleich Schrott Leitartikel: Bilanzregeln
aus Financial Times Deutschland vom 23.03.2009, Seite 1

(6) "Regionale Sonderregelungen wären ein Rückschritt" Wirtschaftsprüfer warnen vor Aussetzung der Zeitwertbilanzierung in EU - Interview mit IDW-Vorstandssprecher Klaus-Peter Naumann
aus Börsen-Zeitung, 20.03.2009, Nummer 55, Seite 4

Impressum

Bilanzierungsvorschriften - Rechtfertigt die Finanzkrise deren Aufweichung?

Bibliografische Information der deutschen Nationalbibliothek

Die Deutsche Nationalbibliothek verzeichnet diese Publikation in der deutschen Nationalbibliografie; detaillierte bibliografische Daten sind im Internet über http://dnb.d-nb.de abrufbar.

ISBN: 978-3-7379-1375-1

© 2015 GBI-Genios Deutsche Wirtschaftsdatenbank GmbH, Freischützstraße 96, 81927 München, www.genios.de

Alle Rechte vorbehalten. Dieses Werk ist einschließlich aller seiner Teile – z.B. Texte, Tabellen und Grafiken - urheberrechtlich geschützt. Jede Verwertung außerhalb der Grenzen des Urheberrechtsgesetzes bedarf der vorherigen Zustimmung des Verlags. Dies gilt insbesondere auch für auszugsweise Nachdrucke, fotomechanische

Vervielfältigungen (Fotokopie/Mikroskopie), Übersetzungen, Auswertungen durch Datenbanken oder ähnliche Einrichtungen und die Einspeicherung und Verarbeitung in elektronischen Systemen.